ELISABETTA BIANCHI

VERONICA SPERI

SOPRAVVIVERE AL LAVORO

Consigli Pratici per Affrontare al Meglio Tutte le Fasi della Tua Vita Professionale

Titolo
"SOPRAVVIVERE AL LAVORO"

Autori
Elisabetta Bianchi & Veronica Speri

Editore
Bruno Editore

Sito internet
http://www.brunoeditore.it

Sommario

Introduzione

Il presente ebook tratta di un insieme di "strategie di sopravvivenza psicologica" utili per affrontare la ricerca di un impiego in tempi di crisi economica, ma anche per vivere al meglio l'opportunità professionale di cui già si gode.

Questo manuale aiuta soprattutto ad attivare le risorse personali, per superare le difficoltà connesse alla ricerca, fuori e dentro di sé, di soddisfazione professionale. Vengono suggeriti itinerari concreti e fornite domande esemplari per preparare la persona ad affrontare le diverse situazioni problematiche al fine di condurla al raggiungimento della sua meta lavorativa.

Nello specifico si prendono in considerazione varie situazioni: del primo inserimento lavorativo, dell'esperienza del lavoro precario, del lavoro stabile ma non molto soddisfacente e dell'improvvisa disoccupazione.

Questo ebook offre stimoli di pensiero e tracce operative per:

- analizzare in modo più realistico il proprio potenziale;
- valorizzare le esperienze già vissute;
- sostenere la motivazione personale;
- rafforzare il senso di auto-efficacia.

La nostra soddisfazione professionale e lo stesso nostro mestiere ci impediscono di dimenticare la "significativa criticità" di alcuni momenti di vita: l'intento è di trasferire ciò che a noi, e ad altri ex giovani come noi, ha permesso di non demordere di fronte alle varie difficoltà.

Si dice spesso che occorre vedere il problema come un'opportunità, ma la nostra alta ambizione è quella di provare "a dare un'occhiata insieme alle opportunità". La globalizzazione e la crisi economica epocale che stiamo attraversando condizionano in modo diretto il mercato del lavoro e la ricerca di un impiego.

Il lavoro, in quanto si vende e si acquista, può essere visto come una qualsiasi merce con il suo valore di scambio, anche se dietro a questo valore c'è sempre una persona con la sua cultura, i suoi bisogni, le sue capacità. Una persona che talvolta perde di vista la sua forza e il suo potenziale e si scoraggia.

La nostra ambizione è di ricordare quanta energia c'è in noi, per realizzare ciò che è in nostro potere e per provare ad accettare quello che invece dipende dalle circostanze esterne.

CAPITOLO 1:
Come trovare la prima occupazione

Finalmente ci si mette in gioco nel mondo del lavoro! È vero che abbiamo sempre vissuto tra “persone adulte al lavoro” - in casa, a scuola, sull’autobus, al bar, nei negozi - ma questo è ben diverso dall’affrontare un’occupazione lavorativa in prima persona, con la sua ricchezza di aspetti e di aspettative da parte di colleghi e datori di lavoro. L’impatto della realtà vissuta rispetto a quello che è stato fin qui il nostro immaginario potrebbe anche essere interessante e, mano a mano, potrebbe trovare conferma o meno delle nostre aspettative.

Così da un lato ci si sente entusiasti e pieni di energia, soprattutto se da tempo si sogna il passaggio verso una maggiore autonomia dalla famiglia d’origine e quindi un accrescimento della libertà personale. Dall’altro è naturale provare una gamma di emozioni meno piacevoli, associate alla condizione di insicurezza su come sarà l’impatto con la nuova esperienza.

Altra fonte di riflessioni, abbastanza tipiche e più o meno auto-incoraggianti del passaggio, riguarda la conoscenza, relativa e non sempre così favorevole, del mercato del lavoro. Ma facciamo un passo alla volta. Concretamente, che cosa ti consigliamo di preparare?

L'agenda personalizzata

In una prima fase è importante mettere a punto:

- il proprio curriculum vitae;
- una lista di aziende-organizzazioni che potrebbero essere interessate al nostro profilo formativo che ricercheremo tramite conoscenza diretta, elenco telefonico, quanto scoperto dalla lettura degli annunci sul giornale, presso i centri per l'impiego, talvolta ai servizi Informagiovani;
- gli indirizzi delle agenzie di lavoro interinale;
- altre agenzie che si occupano di selezione di personale e raccolgono i profili più complessi nelle loro banche dati;
- i siti internet che provvedono all'incrocio domanda-offerta di lavoro

SEGRETO n. 1: mettersi in gioco nel mondo del lavoro significa anche curare l'aspetto concreto preparando un'agenda personalizzata.

Preparare un'agenda personalizzata di questo tipo sarà probabilmente un comportamento immaginato da tempo, suggerito e supportato da orientatori, insegnanti e formatori.

Ottime fonti di riflessione e di aiuto per svolgerlo al meglio si trovano facilmente in libreria. Anche per questa ricerca, però, risulta fondamentale una buona attivazione personale, che preveda pensieri il più possibile costruttivi. Proviamo allora a ragionare insieme, in questa fase preparatoria, seguendo le tappe che ti proponiamo.

In questo modo potrai focalizzare meglio i tuoi obiettivi prioritari e aumentare la tua determinazione. Sembra banale, ma è innegabile che quando non ci sentiamo convinti rispetto a una meta da raggiungere aumentano anche i dubbi riguardo alle vie da percorrere.

Prenditi un po' di tempo per definire bene ciò che insegui! Alcune domande possono tornarti davvero utili:

- stai cercando la possibilità di svolgere un'attività molto precisa per cui ti sei preparato/a a lungo e con forte motivazione?
- stai cercando la possibilità di svolgere un'attività in un settore che aderisce ai tuoi sogni professionali, all'interno del quale, con calma e impegno, fare carriera?
- stai cercando la possibilità di svolgere una prima attività grazie alla quale comprendere meglio i tuoi interessi professionali?
- sono le persone attorno a te che premono nel vederti attivo/a nel mondo del lavoro, ma ne faresti volentieri a meno?
- sei focalizzato/a su un aspetto particolare della posizione lavorativa che sogni? E se sì, quale?

Questi sono alcuni esempi di domande da porti nella tranquillità della tua casa prima di affrontare la "grande caccia". Conoscere le tue priorità non è solo utile per ottimizzare la ricerca del lavoro, nei tempi e nei modi, ma anche per:

- compilare con più consapevolezza il CV;
- assumere un atteggiamento coerente in sede di colloquio di lavoro;
- rendere più piacevole l'inserimento lavorativo nel breve e medio termine.

SEGRETO n. 2: prima della grande caccia verifica gli obiettivi prioritari. Focalizzarsi su che cosa si sta cercando serve a chiarire le idee.

Che cosa porti con te?

La sintesi della tua esperienza scolastico-formativa sul curriculum vitae potrà offrirti vari stimoli di riflessione su ciò che stai cercando con maggior gusto e interesse.

Ripensare come hai vissuto finora il tempo libero, nel contatto con amici, parenti e altre persone, magari nell'ambito di possibili associazioni frequentate, potrà suggerirti nuove idee. Rispondi a queste domande per individuare meglio le tue caratteristiche e i tuoi interessi:

- qualche materia scolastica ti ha appassionato più di altre?
- hai approfittato di parlare in lingua straniera quando si sono presentate occasioni?
- ti sei divertito/a a utilizzare il PC per le tue passioni culturali o per aspetti pratici di casa?
- in che ruolo ti sei trovato/a nei tuoi gruppi-classe o tra gli amici?
- quale contributo concreto offri con piacere alla famiglia d'origine?
- preferisci ricercare responsabilità o eseguire compiti che non prevedano particolari prese di posizione?
- il contatto con le altre persone lo vivi come entusiasmante o troppo impegnativo?
- se resti seduto/a in un ambiente tranquillo ti senti al sicuro o ti annoi?
- stancarti fisicamente ti offre più soddisfazione o senso di frustrazione?

Chissà quali altre riflessioni su di te hai già fatto, immedesimandoti in vari lavoratori/lavoratrici che hai incontrato, osservandoli, ascoltando i loro discorsi: questo è decisamente un momento buono per riportare alla mente le preferenze che ti sei finora scoperto/a. Niente è banale per conoscersi, ricordalo.

Non esistono difetti pensando all'inserimento lavorativo

Ogni posizione lavorativa può essere svolta al meglio da persone interessate che abbiano alcune caratteristiche. Un'impiegata precisa potrà essere più competente di un'impiegata disordinata. Un camionista appassionato di viaggi potrà essere più efficiente di uno decisamente stanziale. Un segretario d'albergo sarà più soddisfatto se parlerà con gusto in lingua straniera e un cuoco riuscirà meglio se è curioso nell'assaggiare piatti e se starà bene anche senza andare allo stadio la domenica.

Ricordati che:

- hai delle caratteristiche più o meno adatte a ricoprire un ruolo professionale piuttosto che un altro;
- non esistono persone perfette per un lavoro, ma persone con molte caratteristiche importanti per svolgere bene un lavoro.

Tutto fa esperienza

Un aspetto interessante della vita riguarda il processo della conoscenza di sé, che non si esaurisce mai. Ogni esperienza può essere vista come un approfondimento della propria consapevolezza e una fonte d'informazione utile per l'ambito professionale in cui si potrebbe operare con maggiore soddisfazione.

Ora che cominci ad avere una maggiore chiarezza sugli obiettivi prioritari e sui tuoi interessi e preferenze, stai individuando meglio la meta da raggiungere.

SEGRETO n. 3: rifletti su cosa porti con te. Rileggi il tuo curriculum vitae, ma non dimenticare di dare spazio a tutto ciò che hai vissuto, perché le tue caratteristiche e i tuoi interessi vanno ripercorsi e valorizzati per capirti meglio e avere successo.

Ti sei fatto/a condizionare dalle precedenti esperienze formative? Speriamo non troppo. Certo che sono stati traguardi importanti, ma in questo momento varrebbe la pena puntare l'attenzione anche su altro e non porsi troppi vincoli immaginandosi nel futuro.

Sei tornato/a con la mente alla scelta della tua scuola media superiore e ti infastidisci pensando di esserti sbagliato/a? Calma. Nessuno nasce già maestro e puoi essere ancora in tempo per "aggiustare il tiro": potrà essere più difficile recuperare una formazione la sera e magari lavorando di giorno, ma vale la pena provare a inseguire i propri sogni professionali.

Aspetta a dire che è impossibile e prova a conoscere meglio le tue figure professionali di riferimento. **Dialoga con una persona che occupa già una posizione professionale di tuo gradimento**. È importante che confronti le tue idee con quelle di chi sta già svolgendo da tempo la professione che ti interessa: comprenderai meglio quanto le tue caratteristiche e i tuoi interessi possano coincidere, in modo sufficientemente buono, con ciò che viene richiesto in quel particolare ambito lavorativo.

Potrai recuperare informazioni utilissime anche riguardo alle eventuali e ulteriori modalità formative più idonee. Non sempre esiste già un particolare indirizzo formativo per una determinata professione. Spesso si impara attraverso corsi mirati, tanta pratica e abbondante passione.

Incontrare di persona chi sta già operando nel settore d'interesse è davvero eccezionale a questo punto della tua preparazione. Nella tua sfera di conoscenze ti viene in mente qualcuno da intervistare? Armandoti di un po' di coraggio puoi anche contattare chi non conosci, chiedendo gentilmente un incontro: parlare della propria professione a una persona più giovane e interessata non sembrerà a tutti solo una perdita di tempo, anzi!

È chiaro che ogni lavoratore avrà la sua visione soggettiva, ma queste informazioni personali pur non essendo vere in assoluto potranno essere comunque confrontate con le tue. Vedrai che così ti sentirai un po' più sicuro/a della direzione da percorrere. Più consapevoli dei pro e dei contro, con le idee un po' più chiare, con dubbi meglio definiti, più motivati a sperimentarci, significa anche più tranquilli nel proporci durante la fase successiva.

SEGRETO n. 4: hai delle caratteristiche più o meno adatte a ricoprire un ruolo professionale piuttosto che un altro. Non esistono persone perfette per un lavoro ma persone con molte caratteristiche importanti per svolgere bene un lavoro.

Pensieri velenosi che non aiutano la partenza

In questo periodo preparatorio alcune persone si trovano a pensare in un modo poco funzionale al loro benessere e così avvertono meno energia per raggiungere l'obiettivo.

Tutti i pensieri meritano considerazione e rispetto, ma alcuni sono un po' "velenosi" e non pienamente realistici. Vediamo insieme qualche esempio.

Non sono proprio nessuno. Chi può essere interessato a me? Ogni persona è una persona. Il suo valore è inestimabile. Ogni lavoratore ha le sue competenze e ci sarà qualcuno interessato proprio a quelle o a competenze molto simili (e così più facili da recuperare grazie alla pregressa esperienza e all'allenato impegno nell'ambito professionale). Magari potrà essere difficile, per vari motivi dipendenti o meno da sé, ma è anche difficilmente pensabile che sia impossibile.

Non ho nessuna esperienza professionale. Chi mi darà fiducia? Come si può essere giovani e avere già esperienza professionale? Se non si è più giovanissimi e non c'è una grande esperienza professionale sarà per motivi spiegabili (ci saremo dedicati allo studio o alla famiglia propria o d'origine). Inizialmente non si può parlare di fiducia che si costruisce solo attraverso la reciproca conoscenza, ma solo di "buon incontro di intenti". Superare con successo un colloquio di lavoro significa essere considerati idonei per occupare una particolare posizione lavorativa. Che cosa può offrire una persona agli inizi? Almeno entusiasmo, motivazione e tanta disponibilità a imparare: non è poco! L'assunzione con contratto a tempo indeterminato non avviene immediatamente e quindi ci sarà tempo per costruire conoscenza, fiducia e stima.

Non so fare niente. Talvolta lo studio è effettivamente svolto in modo piuttosto astratto e capita che anche le prove più tecniche siano vissute come verifiche scolastiche piuttosto che come "simulazioni professionali". Ma nella mente tanto è registrato senza che ne siamo pienamente consapevoli. Al lavoro ci capiterà di ricevere un'ulteriore formazione o almeno precise consegne: svolgendole ci accorgeremo che non si tratterà di comportamenti sconosciuti ma avvertiremo sintonia con quanto studiato, consolidando e arricchendo conoscenze pregresse.

In questo momento difficile chi potrà essere interessato a me? In tutti i periodi, anche in quelli di maggiore criticità per il mercato del lavoro, le aziende e le varie organizzazioni possono comunque essere viste come "organismi viventi", che necessitano di risorse umane così come di cibo, aria e acqua. La ricerca potrà richiedere maggiore pazienza. Ci sarà forse da considerare anche la possibilità di allargare il raggio di esplorazione, verificando la propria disponibilità a viaggiare un po' di più per raggiungere il posto di lavoro.

Occorrerà il sostegno finanziario delle proprie famiglie per carta, telefonate, spostamenti, ma prima di poter dire che nessuna azienda è interessata a una persona molto desiderosa di iniziare la costruzione della propria professionalità, serve un bel po' di lavoro di ricerca.

Hai anche tu qualche pensiero simile?

Che cosa potresti dirti invece? Che cosa diresti a un/a tuo/a caro/a amico/a se pensasse come te?

SEGRETO n. 5: prima di cercare un'occupazione bisogna combattere i pensieri velenosi. Impara a riconoscerli e neutralizzarli per non rallentare la tua partenza.

Passa all'azione ora

A questo punto hai già fatto un gran bel lavoro con la tua compilazione dell'agenda personalizzata, che sarà così strutturata:

<table>
<tr><td>Le mie priorità</td><td>Le mie caratteristiche</td><td>I miei interessi</td></tr>
<tr><td>Mi piacerebbe diventare</td><td>Persone che svolgono mestieri che mi ispirano mi hanno detto che:</td><td>Mi serve formazione ulteriore prima di cercare lavoro?</td></tr>
<tr><td>Organizzazioni in cui potrei operare</td><td>Agenzie di lavoro interinale o di selezione del personale</td><td>Siti di incrocio domanda/offerta di lavoro</td></tr>
<tr><td colspan="3" align="center">Il mio curriculum vitae</td></tr>
</table>

È stato già un lavoro mettere a punto questa agenda personalizzata e sarà interessante arricchirla delle nuove esperienze di effettiva azione di ricerca.

A chi porterai il tuo curriculum vitae, magari provvisto di lettera di presentazione e richiesta di colloquio di lavoro? Già preparando l'elenco delle possibili aziende-organizzazioni, avrai magari provveduto a segnalare le tue preferenze, ma in ogni caso **l'importante è iniziare la consegna**.

Si potrà chiedere alla persona in front-office se si può lasciare direttamente a lei la documentazione oppure al responsabile delle risorse umane. Ciò dipenderà anche dalle dimensioni dell'azienda/organizzazione. Sulla tua agenda sarà il caso di appuntare gli esiti e le tue impressioni degli incontri effettuati. Ciò ti permetterà di:

- distinguere le varie realtà, quelle per niente interessate da quelle possibiliste;
- indicare eventuali persone a cui fare riferimento per nuovi contatti;
- segnalare appuntamenti per eventuali colloqui di lavoro.

Compila la tua agenda, per ogni incontro, in modo simile:

Indirizzo organizzazione	Consegnato al sig./alla sig.ra il giorno
Impressioni personali	Ulteriori contatti o appuntamenti

Attenzione: anche in questa fase di presa di contatto, possono affacciarsi alla mente pensieri poco utili per affrontare serenamente l'esperienza.

Altri pensieri che non ti fanno stare bene

Mi sembra di chiedere l'elemosina. Non è vero. Stai chiedendo la possibilità di esprimere la tua professionalità, ma chi accoglie il curriculum vitae potrebbe essere molto interessato alla tua collaborazione. Se in questo momento non serve altro personale, è solo perché sono già presenti le risorse grazie alle quali l'azienda o quella realtà organizzativa funziona. Anche in questo tipo di relazioni c'è proprio uno scambio.

Appena uscirò getteranno il mio curriculum vitae nella carta da riciclare. Perché questo pensiero così autolesivo e sfiduciato verso gli altri? Nella loro posizione ti comporteresti così? Come credi che abbiano trovato lavoro le persone che ricevono ora il tuo curriculum vitae? Se avrai l'impressione di disturbare con la tua consegna, potrai chiedere gentilmente se si avvalgono di canali preferenziali per assumere nuovo personale.

Non ce la farò mai. Perché no? È un'avventura della vita che si ricorda per sempre. Serve pazienza e tenacia, ma è troppo importante per pensare di non potercela fare. Spesso le cose nuove mettono dubbi sulla propria capacità di affrontarle, ma già mettendosi un po' in gioco si impara tanto e così diventano sempre più familiari e la paura diminuisce. Quello che provi è probabilmente un po' simile a ciò che altre persone nella tua condizione avvertono. Può essere faticoso quello che stai facendo, ma ciò che impegna nel raggiungimento offre anche maggiore soddisfazione in seguito, non sei d'accordo?

Senza la raccomandazione non si può nulla. Ti piacerebbe ottenere il lavoro in questo modo? Ritieni corretto essere valutato non per il merito ma per le tue conoscenze di persone che occupano posizioni di potere? Se invece non la pensi così, vorresti forse insinuare che sei l'unico/a a valorizzare la "persona non ancora conosciuta" con l'analisi del suo percorso di studi e formazione?

Hai anche tu qualche pensiero simile?

Che cosa potresti dirti invece? Che cosa diresti a un/a tuo/a caro/a amico/a se pensasse come te?

Come affrontare il colloquio di lavoro

Quando la tua ricerca comincerà a dare i suoi frutti e dovrai affrontare il colloquio di lavoro, questo potrà svolgersi direttamente con l'imprenditore, oppure con un suo incaricato o con un collaboratore di agenzie addette alla selezione del personale.

In ogni caso, nella mente del tuo interlocutore saranno presenti alcune caratteristiche importanti per la posizione professionale da ricoprire. Come avere successo in un colloquio di questo tipo? Manuali di vario genere offrono molti consigli, perfino su come vestirsi e muoversi, ma noi preferiamo puntare l'attenzione sulla **tranquillità** con cui ti presenterai.

Non si tratta di una tranquillità che sfuma nella noncuranza e nel disinteresse, ovviamente, ma che consiste nell'assumere un atteggiamento mentale sereno proponendosi con le proprie caratteristiche, i propri punti di forza e debolezza e le proprie aspirazioni.

Il tuo obiettivo immediato è confrontarti con l'interlocutore, offrendo informazioni su di te e ricevendo informazioni su una realtà nuova in cui potresti operare. Si tratta effettivamente di un incontro: potresti risultare o meno idoneo/a per l'immediata posizione da ricoprire; il tuo interlocutore potrebbe farti aumentare l'interesse di far parte di quella particolare organizzazione ma anche fartelo diminuire.

È proprio durante il colloquio che tutto il lavoro di preparazione che hai svolto nelle fasi precedenti darà i suoi primi risultati:

- sarai più preparato/a a rispondere alle varie domande;
- potrai cogliere l'occasione per scoprire altro sul mondo del lavoro e lo indicherai sulla tua agenda, materiale pronto per nuove riflessioni;
- sarai più consapevole del fatto che anche i colloqui di lavoro fanno parte della "grande avventura" e li considererai come utili esperienze, indipendentemente dall'esito immediato.

Anche nel peggiore dei casi, e cioè se non verrai considerato/a idoneo/a per svolgere quelle particolari mansioni richieste al momento, non è detto che il tuo curriculum vitae e ciò che hai fatto conoscere di te non potranno essere tenuti in considerazione per necessità successive.

Aggiorna la tua agenda:

Indirizzo organizzazione	Consegnato al sig./alla sig.ra il giorno
Impressioni personali	Ulteriori contatti o appuntamenti

Colloquio effettuato il giorno	Esito momentaneo
Scoperte interessanti	Riflessioni personali

L'incontro con una persona sconosciuta, e per un motivo così importante, per noi è un evento attivante fisiologicamente. In cuor nostro vorremmo che tutto andasse al meglio e così siamo sempre un po' ansiosi. Ma questo dato di realtà sarà ben noto anche alle persone che ci intervisteranno, e anche loro avranno i loro possibili motivi di stress.

Ricordati che **stai affrontando una valutazione per ricoprire una particolare posizione lavorativa e non una valutazione personale**. Così ti concentrerai meglio sulle domande che ti verranno poste e sullo scambio di informazioni che avverrà. Cerca di tenere presente che si tratta solo di **un primo scambio di informazioni**. Al termine di ogni colloquio aggiungi ancora alla tua agenda:

Potrei migliorare nel sostenere un colloquio di lavoro perché...	Potrei migliorare nel sostenere un colloquio di lavoro perché...
Mi sono piaciuto/a durante il colloquio di lavoro per...	Mi sono piaciuto/a durante il colloquio di lavoro per...

Ti chiederai i motivi e l’utilità di occupare tempo per scrivere questi aspetti. Che senso ha migliorare la propria capacità di presentarsi in modo preciso, chiaro e attento allo scambio di informazioni?

Ogni colloquio di lavoro è già un’esperienza nel mondo del lavoro: è ovvio che il tuo obiettivo è quello di occupare una posizione professionale. Però non è così frequente che un primo colloquio risulti essere anche l’unico.

Possiamo augurarci che l’impegno fin qui investito trovi immediato riscontro in una buona sintonia tra le parti. Ma ci sembra altrettanto augurabile che la buona collaborazione possa confermarsi in futuro e proseguire nel tempo. È più realistico pensare, anche per questo motivo, che un primo colloquio debba essere considerato una specie di “annusata golosa e curiosa di un nuovo piatto quando c’è appetito”. Certo che il desiderio di calmare il languore di stomaco è tanto, ma bisogna anche occuparsi della qualità del cibo!

Considera ancora con pazienza la tabellina della pagina precedente, te la proponiamo come uno schema da usare per riflettere sui tuoi colloqui di lavoro. Ti offrirà l’occasione di:

- migliorarti nella presentazione delle tue competenze e delle tue aspirazioni;
- conoscere sempre più in profondità ciò che offri e cerchi;
- mantenere un atteggiamento propositivo.

I prossimi colloqui e i nuovi incontri ne saranno beneficiati. La tua conoscenza del mercato del lavoro diventerà più complessa, e anche per questo più stimolante. Anche se avvertirai la fatica avventurosa della ricerca, non perderai di vista ciò che sei veramente e tutto il tuo potenziale.

RIEPILOGO DEL CAPITOLO 1:

- SEGRETO n. 1: mettersi in gioco nel mondo del lavoro significa anche curare l'aspetto concreto preparando un'agenda personalizzata.
- SEGRETO n. 2: prima della grande caccia verifica gli obiettivi prioritari. Focalizzarsi su cosa stai cercando serve a chiarire le idee.
- SEGRETO n. 3: rifletti su cosa porti con te. Rileggi il tuo curriculum vitae, ma non dimenticare di dare spazio a tutto ciò che hai vissuto, perché le tue caratteristiche e i tuoi interessi vanno ripercorsi e valorizzati per capirti meglio e avere successo.
- SEGRETO n. 4: hai delle caratteristiche più o meno adatte a ricoprire un ruolo professionale piuttosto che un altro. Non esistono persone perfette per un lavoro, ma persone con molte caratteristiche importanti per svolgere bene un lavoro.
- SEGRETO n. 5: prima di cercare un'occupazione bisogna combattere i pensieri velenosi. Impara a riconoscerli e neutralizzarli per non rallentare la tua partenza.

CAPITOLO 2:
Come affrontare il lavoro soddisfacente ma precario

Per arrivare a svolgere alcune professioni il percorso formativo è piuttosto rigido e quindi chi lo intraprende ha già in mente le varie tappe da percorrere prima di poter esercitare appieno il mestiere.

Altri percorsi scolastici e universitari prevedono, invece, sbocchi professionali alternativi e sono quindi solo gli studenti, con i loro interessi e preferenze, a sognare possibili inserimenti lavorativi futuri mentre preparano un esame dopo l'altro. Ti riconosci un po' come appartenente a uno di questi due gruppi ideali?

Allora significa che sei sorretto/a da una forte motivazione, che ti ha permesso d'investire tempo, energie e vita per inseguire una tua realizzazione personale e professionale.

Senza motivazione non si va lontano!

Prima o poi nel percorso formativo o nel conseguente debutto lavorativo si troverà qualche ostacolo. Per esempio a me, dopo il tirocinio post lauream, è capitata un'esperienza complessa.

Ero stata accettata da un gruppo di persone che aiutava bambini con diverse problematiche nel doposcuola, mentre stava per avvenire la ristrutturazione del centro. In tale circostanza ho utilizzato, senza risparmiarmi, tutto ciò che sapevo per far crescere questa attività in fase di rinnovo, sia i programmi riabilitativi che le mie conoscenze psicologiche. Dopo mesi cominciai a capire che non si sarebbe mai arrivati a un vera e propria collaborazione, anzi mi fu proprio comunicato esplicitamente che avrebbero volentieri collaborato con me, gratuitamente!

Non mi pagavano! Avevo persino partecipato alla scelta dei colori delle stanze, nella progettazione del nuovo centro, facendo uno studio sui colori più appropriati per le diverse attività da svolgervi.

Dopo un primo e legittimo sconforto, per me è stato importante non perdermi d'animo e capire che le cose che facevo e le strategie che applicavo funzionavano.

È stato importante non farmi pervadere dalla delusione per la mancata assunzione da parte del piccolo gruppo di sfruttatori, e comprendere che le stesse competenze potevano essere utilizzate con un buon ritorno in altri contesti. Quel posto è stato per me una piattaforma di lancio per capire che valevo anche se non venivo riconosciuta. Occupandomi dei progetti di riabilitazione per i ragazzi e vedendo il loro miglioramento ho sperimentato sul campo la validità del mio operato. Dovevo solo fare frutto del mio sapere e del mio operare da un'altra parte.

SEGRETO n. 6: senza motivazione non si va lontano! Ricorda che il mancato riconoscimento da parte degli altri danneggia spesso l'idea di se stessi come persone competenti.

Ho superato l'empasse del momento e con forza mi sono riproposta altrove trovando anche una giusta retribuzione al mio lavoro. Se sai di essere competente non aspettare che siano gli altri a dirtelo; se questo avviene tanto meglio, ma se non avviene sposta la tua energia altrove. Superare l'ostacolo del riconoscimento è stato importante. Ed è d'obbligo per andare avanti così come è fondamentale ritrovare gli obbiettivi che ci spingono oltre.

SEGRETO n. 7: se sei competente non aspettare che siano gli altri a dirtelo; se questo avviene, bene, se non succede sposta la tua energia altrove.

Magari ti stai un po' meravigliando di queste nostre parole: quando hai scelto di proseguire gli studi eri già abbastanza consapevole e con un buon senso di responsabilità personale.

Avevi già pensato che gli impegni della tua famiglia nel sostenerti o le tue fatiche nel racimolare risorse per le tasse universitarie e i libri potessero essere ricompensati dal piacere di costruirti un bagaglio di sapere interessante ai tuoi occhi e da soddisfazioni future, pur nelle difficoltà eventuali e possibili di inserimento lavorativo successivo.

Può essere che allora tu avessi leggermente sottovalutato le difficoltà che ti trovi ora ad affrontare, semplicemente per la gran carica e l'entusiasmo che a vent'anni tendono ad accompagnarci e per naturali processi psichici che ci permettono di affrontare progressivamente gli ostacoli che incontriamo.

Immaginiamo che anche tu, durante l'avventura universitaria, ti sia trovato/a a riflettere sulle successive tappe da percorrere prima di una possibile realizzazione dei sogni professionali:

- ci saranno sbocchi adeguati al serio impegno nel prepararsi?
- sarà sufficiente il bagaglio di conoscenze teoriche accumulato o serviranno esperienze pratiche per diventare davvero competenti?
- le esperienze lavorative svolte per mantenersi all'università, almeno per le tasse e i libri, potranno essere significative in qualche modo per la propria carriera o tenderanno a rappresentare solo un certo spreco di tempo rispetto al grande obiettivo della laurea?
- gli sforzi finanziari della famiglia d'origine saranno ricompensati dagli introiti della carriera professionale, iniziata qualche anno dopo i coetanei che si sono fermati al

diploma di maturità? O potranno essere ricompensati almeno dalla soddisfazione professionale di poter esercitare il mestiere per cui ci si è preparati?

Se domande di questo tipo saranno state probabili, i pensieri che ti avranno suscitato non potranno essere risultati definitivi. A volte le risposte saranno state un po' ottimiste e auto-incoraggianti e a volte meno. Magari pure il livello di profondità nel dialogo interiore sarà dipeso da tanti fattori, personali e un po' esterni a sé. In effetti, si tratta di interrogativi e argomentazioni che tenderanno a riproporsi anche in seguito, in fondo utili a "rendere più interessante l'esistere".

Di certo le differenze individuali e di contesto di vita avranno potuto rendere questi quesiti più o meno urgenti, più o meno vincolanti per la scelta d'iniziare e/o proseguire il percorso universitario e anche per questi motivi sosteniamo con convinzione l'interesse collettivo di queste tematiche. Sottintendono scelte di comunità riguardo al diritto di studio, ai criteri che favoriscono gli avanzamenti di carriera, all'incontro-dialogo tra le varie generazioni, a ciò che favorisce il miglioramento della nostra democrazia e l'aumento del grado di civiltà della nostra società, temi politici fondamentali.

Tipologie di reazioni personali

Come hai risposto/a e come ti sei mosso/a in questo ambiente preparato dalle generazioni precedenti? Per semplificare affermiamo che ci possono essere almeno tre categorie di reazioni personali:

- rinunciare a percorsi troppo costosi e poco sicuri nel risultato finale;
- affrontare i percorsi adattandosi alle regole del gioco senza metterle in discussione;
- affrontare i percorsi adattandosi alle regole del gioco, mettendole in discussione e attivandosi a migliorarle per quanto è possibile o rimandando questa specifica attivazione personale al successivo momento, una volta inseriti nel sistema-lavoro.

Di certo avrai potuto far parte del secondo o del terzo gruppo, e ora? Vediamo insieme quelle che possono essere state ed essere ancora le tue aspettative.

Aspettative molto ottimiste

Con tutto l'impegno che ho già dedicato allo studio, troverò facilmente un'occupazione adeguata al titolo conseguito. Può succedere che accada proprio così e che dopo la qualifica, la maturità o la laurea si entri velocemente a occupare una posizione professionale. Da tempo però non ci risulta essere la norma.

Spesso occorrono periodi di tirocinio, di praticantato. Per le professioni sono certo obbligatori come esperienza integrativa propedeutica all'esame di stato e all'iscrizione all'albo. Per svolgere tanti altri mestieri occorrono comunque specializzazione e pazienti tappe di esperienze lavorative, spesso non immediatamente consone alla propria preparazione.

Capita pure che le proprie conoscenze teoriche siano effettivamente più adatte al futuro aziendale che al presente. Ciò potrebbe far vivere, già alle prime esperienze professionali, una sorta di frustrazione dovuta al confondere la bontà delle scelte formative precedenti con l'immediata e concreta spendibilità del proprio sapere. In realtà il bagaglio di conoscenze personali sarà sempre e comunque prezioso.

Si tratta di un insieme di informazioni da mantenere aggiornate e pronte, non solo per il possibile spostamento da una realtà organizzativa a un'altra, ma anche come stimolo all'interno della propria realtà organizzativa.

L'impatto emotivo post-laurea spesso è di tristezza e scoraggiamento a partire da aspettative così "rosee". Le virgolette ci sembrano necessarie perché, nonostante le particolari difficoltà di questi ultimi tempi, non tutti i paesi avanzati si comportano nello stesso modo nell'accoglienza delle più giovani risorse umane nel mercato del lavoro. Perché da noi non risulta sufficiente, in effetti, una buona preparazione teorica, certo ben integrata a esperienze professionali concrete e serie? Il buon funzionamento dell'istruzione e dell'università e il collegamento tra agenzie di formazione e organizzazioni aziendali sono argomenti che riguardano la collettività, proprio per i loro effetti nelle vite di tutti. Forse ti ritrovi bene in questo gruppo?

SEGRETO n. 8: se non c'è immediata spendibilità del proprio sapere, ricorda che il bagaglio di conoscenze personali sarà sempre e comunque prezioso e da mantenere aggiornato, e

pronto non solo per un proprio spostamento da una realtà organizzativa all'altra, ma anche, quando possibile, come stimolo all'interno della propria realtà organizzativa.

Aspettative molto pessimiste

In questo contesto socio-culturale, nonostante la serietà con cui mi sono preparato/a, non troverò un'occupazione adeguata senza raccomandazioni e conoscenze. È un modo di pensare che fa sentire sfiduciati e poco vigorosi. A seconda dell'ambiente di vita e delle tue caratteristiche, questo atteggiamento mentale tenderà a influenzare molto sia il proseguimento dell'impegno nello studio sia l'entusiasmo nel cercare lavoro.

È facile percepire come "motivazione troppo idealista" la carica giovanile di svolgere la propria parte anche per migliorare la realtà organizzativa in cui ci si troverà a operare. Ci sentiamo di affermare con convinzione che la collettività perde vitalità in modo inversamente proporzionale al numero di giovani così "invecchiati" e certo poco gioiosi. Non crediamo che le tue aspettative siano state queste.

Aspettative tendenzialmente realistiche

Mi sento forte delle competenze maturate con il mio impegno e provo a ricercare un'occupazione adeguata. Se sarà necessario imparare anche attraverso l'esperienza diretta, coglierò le occasioni professionali, seppur precarie e provvisorie, per arricchirmi e rimandare solamente il mio obiettivo.

Rimanere fieri dell'esperienza maturata, saggiamente umili nell'imparare ancora, pronti a riportare alla mente l'utilità di un nuovo contratto seppur precario, significa rendere più probabile il conseguimento dei propri obiettivi professionali. Senti di appartenere a questo gruppo di persone? Che cosa si potrebbe fare di più? Che cosa potrebbe fare in più la famiglia d'origine (o il/la partner) con il suo fondamentale supporto finanziario?

SEGRETO n. 9: sembra un paradosso, ma essere consapevoli del proprio bagaglio di esperienza può renderci più umili e predisposti a imparare ancora. Può aiutarci a vivere in modo più complesso e ricco la precarietà dei contratti, a rendere più probabile il conseguimento dei nostri sogni professionali.

Anche le persone vicine, con le loro aspettative ed esperienze di vita già vissuta, avranno il loro daffare per mantenersi cariche e fiduciose negli anni, sopportando il peso economico e talvolta emotivo di figli adulti che non trovano il loro posto nel mondo, sei d'accordo?

Capita così che magari, nonostante risultati brillanti, le tentazioni di mollare siano tante e sorgano pensieri poco funzionali al proprio benessere. Non ci stanchiamo di ripeterlo: sono pensieri naturali che ci sorgono grazie al nostro essere umani, ma se li conserviamo a lungo senza che si risolvano in una scelta d'azione anche parziale, ci tolgono energia e gioia di vivere.

Non esistono scelte perfette, che si adattano a pennello per tutti. Esistono le proprie sperimentazioni e la ricerca personale del miglior benessere possibile. Proviamo ad analizzare insieme qualche esempio.

Ho la fortuna di provarmi sul campo, in questa azienda, ma vengo pagato troppo poco e i miei sono stanchi di integrarmi le spese. E sei così certo/a che i tuoi siano così consapevoli del fatto che ti stai irrobustendo la professionalità oppure faticano a comprendere l'origine del tuo entusiasmo? È vero che sono più esperti di vita, ma lo sono anche nel tuo campo d'interesse? Prova a confrontarti con loro. Esponi loro i tuoi obiettivi principali. Magari ti aspetti, come abbiamo fatto noi, che le persone vicine capiscano al volo senza tante parole.

Non è obbligatoriamente così e anche loro potrebbero trovare rassicurante e ricaricante qualche tuo chiarimento in merito. Certo che è un compito genitoriale supportare i figli fino alla piena autonomia, ma loro hanno ricevuto altrettanto dai loro genitori? Se così non fosse potrebbero trovare davvero molte difficoltà nel comprenderti. Tante persone, sentendosi giustamente riconosciute nel loro impegno e nei loro sforzi, provano stati d'animo migliori e incoraggianti.

Non capisco come mai i miei, invece di essere contenti della mia realizzazione professionale in corso d'opera, continuino a criticarmi perché guadagno poco, rispetto a quanto ho studiato. Hai provato a chiederlo direttamente a loro? Che stiano sostenendo grossi sforzi finanziari? O forse li hanno sostenuti con aspettative poco realistiche, poco in sintonia con l'andamento del mercato del lavoro? Che abbiano immaginato che tu potessi al più presto iniziare un tenore di vita da loro soltanto sognato?

I cervelli migliori se ne vanno, cerco di racimolare un po' di soldi per il viaggio? Potrebbe essere un'idea buona. L'Europa è più unita e il mondo è più piccolo grazie ai mezzi di comunicazione di vario genere. Se invece resti, tieni presente i motivi per cui desideri operare nella tua terra di crescita e non darti dello/a sciocco/a. La qualità della vita e la soddisfazione personale non dipendono solo dal denaro a disposizione. E anche qui c'è bisogno di persone con cervello.

Hanno ragione i miei amici, che lavorano da tempo, a darmi dell'idiota perché mi accontento di questa esperienza? È difficile, per fortuna secondo noi, che un unico punto di vista sia quello giusto! I tuoi amici si staranno preparando un gruzzolo importante per il futuro loro e delle loro famiglie, tu arriverai un po' in ritardo da questo punto di vista. Ma la speranza di vita è abbastanza lunga e solo alla fine, se vorrai, potrai fare confronti realistici. Capita così con le scelte importanti: si conosce la via percorsa e non quella non scelta. Allora, anche a seconda del periodo o dello stato d'animo del momento, si osservano in modo diverso i risultati, concreti o più astratti e personali. Non tutto si misura in carta moneta, anche se di quella c'è bisogno, dato che favorisce, tra le altre cose, la realizzazione personale. L'errore è usare il termine "idiota": forse i tuoi amici stanno offrendo una valutazione scherzosa e un po' superficiale?

Tra le tante differenze individuali - interessi, curiosità, stili d'intelligenza, obiettivi professionali - spicca, in questo tipo di scelte, la capacità di rimandare il piacere della gratificazione. Ci sembra naturale che chi ha scelto strade di auto-realizzazione più veloci, fatichi un po' a comprendere chi ha preferito rischiare d'investire tanto, inseguendo obiettivi più lontani nel tempo. Ma chi può affermare in assoluto che una via sia preferibile a un'altra? Le questioni di valore sono personali e soggettive e così, nel rispetto reciproco, c'è spazio per i nostri vari modi di essere. Nel confronto sereno si prendono in considerazione numerose sfaccettature e quindi si impara a osservare la realtà oggettiva per quello che è: complessa e, di conseguenza, più interessante.

L'essenziale è che tu non ti senta un/a idiota e che decida di aprirti al dialogo, pur se poco incoraggiato/a da affermazioni di questo tipo. Ma ben vengano anche gli scherzi e le provocazioni: sono stimoli di ricerca personale.

SEGRETO n. 10: non conservare a lungo i dubbi che non si risolvono in una scelta d'azione anche parziale. Tolgono energia e gioia di vivere.

Hai anche tu qualche pensiero simile?

Che cosa potresti dirti invece? Che cosa diresti a un/a tuo/a caro/a amico/a se pensasse come te?

RIEPILOGO DEL CAPITOLO 2:

- SEGRETO n. 6: senza motivazione non si va lontano! Ricorda che il mancato riconoscimento da parte degli altri danneggia spesso l'idea di se stessi come persone competenti.
- SEGRETO n. 7: se sei competente non aspettare che siano gli altri a dirtelo; se questo avviene, bene, se non succede sposta la tua energia altrove.
- SEGRETO n. 8: se non c'è immediata spendibilità del proprio sapere, ricorda che il bagaglio di conoscenze personali sarà sempre e comunque prezioso e da mantenere aggiornato, e pronto non solo per un proprio spostamento da una realtà organizzativa all'altra, ma anche, quando possibile, come stimolo all'interno della propria realtà organizzativa.
- SEGRETO n. 9: sembra un paradosso, ma essere consapevoli del proprio bagaglio di esperienza può renderci più umili e predisposti a imparare ancora. Può aiutarci a vivere in modo più complesso e ricco la precarietà dei contratti, a rendere più probabile il conseguimento dei nostri sogni professionali.
- SEGRETO n. 10: non conservare a lungo i dubbi che non si risolvono in una scelta d'azione anche parziale. Tolgono energia e gioia di vivere.

CAPITOLO 3:
Come fare se il lavoro sicuro non soddisfa?

Finalmente occupi una posizione lavorativa con contratto a tempo indeterminato. Rappresenta per te una grande meta raggiunta faticosamente o sei stato abbastanza fortunato/a nel passaggio formazione-inserimento nel mondo del lavoro?

In ogni caso, di certo, hai già provato la soddisfazione di vedersi aprire, davanti a te, nuove possibilità per progettare meglio la tua vita personale. Ricordi ancora l'ebbrezza di un'ulteriore emancipazione dalla famiglia d'origine? Anche tu hai provato un gran piacere nel viaggiare un po' di più o in condizioni più confortevoli di prima?

Magari avrai finalmente colto l'opportunità di accendere un mutuo per l'acquisto della tua abitazione. E forse sei riuscito/a a concretizzare una stabilizzazione della tua storia affettiva e stai ipotizzando di diventare (o sei già diventato/a) padre o madre.

Spesso capita così: gli obiettivi di vita che sono raggiungibili grazie a un consolidamento della propria professionalità, mete dense e cariche di auto-realizzazione, tendono a mettere sullo sfondo i lati meno piacevoli della propria attività in azienda/organizzazione.

Così, nel tempo, capita di "sentirli riaffiorare in primo piano" e di cominciare ad avvertire una progressiva diminuzione della soddisfazione professionale. **L'elemento "tempo" rispetto al grado di soddisfazione percepita**, una volta raggiunta una meta importante, è decisamente variabile a seconda di diversi fattori. Prendiamo in considerazione i più significativi.

La personalità individuale. Alcune persone appaiono più curiose e desiderose di apprendere di altre. Hanno piacere nel modificare mansioni o il modo di svolgerle. Si sentono gratificate dall'affrontare situazioni problematiche e imprevisti da superare. Si sentono stimolate dal superare continuamente, o spesso, i propri limiti, in un processo di continua crescita. In generale, possiamo dire che **più marcate sono queste caratteristiche, maggiore è il rischio di un veloce senso di saturazione**.

La quantità d'impegno investito per raggiungere la meta. Intendiamo non solo l'impegno protratto nel tempo per conseguire la facoltà di svolgere una professione, ma anche la tortuosità del percorso effettuato (tirocini gratuiti o quasi, stage, incarichi a tempo determinato, collaborazioni in progetti ecc.).

La fatica fatta per raggiungere una meta tende ad aumentare, ovviamente fino a un certo punto, la successiva durata delle sensazioni di piacere scaturite dall'ottenerla.

Il confronto tra reale e ideale. Maggiore è la vicinanza tra la propria realtà lavorativa attuale e quella che, in precedenza, ci si era rappresentati mentalmente, più lenta tende a risultare la progressione tra soddisfazione e insoddisfazione. Viceversa, **la realtà molto diversa da quella immaginata, velocizza il processo di "stanchezza"**.

Il fatto è che, proprio a un certo punto, può scattare **un senso di costrizione al mantenimento del posto di lavoro**. Lo si avverte come poco soddisfacente, ma ci si sente quasi obbligati a mantenerlo per rispettare i propri impegni finanziari e di famiglia.

SEGRETO n. 11: presta attenzione a fattori come la tua personalità, la quantità d'impegno investito per raggiungere la meta, il confronto tra l'idea che avevi del lavoro e quello che stai vivendo nella realtà.

Ti trovi in un momento simile? Ricorda che i conflitti fanno parte della vita. Immaginando la tua età, sarà probabile che i conflitti interpersonali ti risultino come naturali e inevitabili, comunque da risolvere nel modo più creativo possibile per permettere a entrambe le parti di "vincere" un po'.

Ricorda che **anche i conflitti intrapsichici, quelli che si sviluppano dentro di sé, sono naturali e inevitabili**: siamo esseri complessi e spesso avvertiamo ambivalenze e desideri diversi nello stesso momento.

Calma, che c'è sempre qualcosa d'interessante da scoprire. Ragionandoci su con metodo e poi scegliendo il meglio possibile, non solo avvertirai lo sciogliersi del fastidioso senso di costrizione, ma conoscerai meglio il tuo universo interiore e il mondo attorno a te.

SEGRETO n. 12: se senti affiorare la diminuzione progressiva della soddisfazione professionale non preoccuparti eccessivamente. È naturale che la tua esperienza richieda una riflessione o una svolta.

Partiamo dalla compilazione del "Bilancio dei pro e contro della tua condizione professionale". Tieni presente le tante sfaccettature del tuo lavoro, analizza il più possibile le tue giornate lavorative e, ogni volta che ti viene in mente un aspetto positivo o negativo, prendi nota per compilare questa tabella:

Bilancio dei pro e contro della mia condizione professionale

Aspetti positivi del mio lavoro	Valore	Aspetti negativi del mio lavoro	Valore

Hai considerato anche gli aspetti più concreti? Certo lo stipendio, ma anche la distanza dall'abitazione, la possibilità di muoverti all'interno dell'organizzazione, la solidità dell'impresa in cui

operi.
Usa tutto il tempo che ti serve per analizzare bene tutte le sfaccettature e aggiungi anche ciò che a prima vista ti sembra poco rilevante: piccole cose sommate diventano grandi cose dal punto di vista emotivo.

Sii paziente e segna proprio tutto quello che ti arriva alla mente. Quando ti sembra di aver completato la stesura delle tue riflessioni personali, quando proprio ti sembra di non aver più nulla da aggiungere, **chiedi alle persone care il loro punto di vista**. Attenzione, questo suggerimento deve essere preso alla lettera: non farti suggestionare completamente da ciò che ti diranno, anche le presone vicine a te avranno i loro timori e le loro perplessità nel saperti poco soddisfatto del presente, ma **ascoltale con cura** e aggiungi alla tabella ciò che troverai condivisibile.

I loro ragionamenti potranno arricchire i tuoi e saranno meno influenzati dagli stati d'animo che stai provando. Un possibile momento transitorio di stanchezza, per esempio, può far considerare più intenso e significativo ciò che è negativo rispetto a ciò che è positivo. Può succedere così di non ricordare proprio, di non riuscire a mettere a fuoco in quel particolare momento, ciò che tante altre volte abbiamo invece apprezzato senza alcuno sforzo.

Qualunque scelta affronterai, all'interno della tua realtà attuale o all'esterno, dovrà essere "obiettivamente positiva", sei d'accordo? E allora anche le opinioni di parenti e amici potranno aiutarti in questo senso.

Dopo il gran lavoro di raccolta nella scheda, **passa ad attribuire un valore alle singole voci**, usando una scala di intensità di "positività e negatività" da uno a dieci, dove uno sta per pochissimo e dieci per moltissimo (nella colonna dei pro, uno starà per poco positivo e dieci per estremamente positivo. Nella colonna dei contro, uno starà per poco negativo e dieci per estremamente negativo).

Si tratta della tua valutazione, esclusivamente tua e, dunque, assolutamente soggettiva: **ciascuna persona ha i suoi criteri per attribuire valore a ciò che vive**. Considerando che, in generale, le conseguenze delle scelte sono proprio pagate in prima persona, riteniamo importantissimo che tu ritrovi chiarezza nei tuoi valori e nelle tue priorità.

Concentrati bene, prendi il tempo che ti serve per ascoltarti e usa queste scale d'intensità con sincerità e coraggio. Una volta completato il lavoro, rileggi con pazienza ed effettua un primo conteggio dei valori ottenuti. Fai la **somma delle positività e delle negatività** e ascolta le considerazioni che ti sorgeranno spontaneamente. Avvertirai come "più significativo psicologicamente" il proseguimento dell'attività attuale. Magari ritroverai un entusiasmo un po' rinnovato verso aspetti che prima tendevi a sottovalutare o a ritenere scontati. O forse ti risulterà "più pressante psicologicamente" l'idea di trovarti in una situazione da modificare. Ma anche in tal caso avvertirai maggior consapevolezza di ciò che stai cercando.

Bilancio dei pro e contro della mia condizione professionale

Aspetti positivi del mio lavoro	Valore	Aspetti negativi del mio lavoro	Valore

Totale positività		Totale negatività	
Riflessioni personali		Riflessioni personali	

SEGRETO n. 13: aumenta la consapevolezza di ciò che senti e che stai cercando. Fai il bilancio dei pro e contro della tua condizione professionale. Usa tutto il tempo che ti serve per analizzare bene gli aspetti negativi e positivi del tuo lavoro.

Sciogliere il conflitto interiore

Questo è il primo passo per "respirare più profondamente" e per iniziare a inseguire ciò che a questo punto si comincia a vedere in maniera più nitida.

Personalmente ho collaborato fin da ragazza nell'attività della famiglia d'origine. I miei genitori erano impegnati in una piccola attività commerciale e chiedevano un supporto sempre più coinvolgente mano a mano che crescevo. In tal modo ho potuto ascoltare e osservare tante persone che si aprivano a raccontare le loro insoddisfazioni e speranze.

Per esempio, Luigi diceva che viveva mesi di lavoro in attesa del periodo di ferie estive e non si sentiva in grado di rimettersi in gioco arricchendo le proprie competenze di operaio. Mario, che soffriva nella sua condizione di dipendente in una piccola azienda artigianale, raccontò che finalmente era riuscito a prendere coraggio, forte della nuova attività fuori famiglia della moglie.
Si mise in proprio, si specializzò in una fase della lavorazione e collaborò dall'esterno con il precedente datore di lavoro. Isabella, con una laurea conseguita per accontentare i genitori, iniziò un lavoro che suscitava la perplessità di tutti i suoi cari e si mise a studiare nel tempo libero per una seconda laurea più vicina ai suoi interessi.

Ho sentito tanti racconti sulla vita professionale delle persone, e credo che anche questo abbia contribuito ad acuire la mia attenzione alla successiva scelta.

Del resto io stessa, nonostante l'entusiasmo per un lavoro che mi metteva a contatto con persone in vacanza e cioè con il piacere di dedicare tempo al confronto con gli altri, sentivo il bisogno di andare oltre la professione proposta dalla famiglia d'origine. Non avvertivo in me lo spirito imprenditoriale che mio padre auspicava che avessi e invece, fin dalle scuole elementari, era vivace in me uno spiccato interesse per gli altri, per come interagivano tra loro le persone e gli effetti di tali interazioni.

Il fatto di non essere figlia unica, mano a mano che diventavo più consapevole del mio "sentirmi stretta" nei sogni genitoriali, probabilmente mi ha aiutato, perché mi ripetevo che le sorelle avrebbero potuto soddisfarli meglio di me, ma anche l'**ascolto della mia interiorità** a partire da stati d'animo non completamente positivi.

Ho considerato vari aspetti della mia personalità, i momenti più appassionanti del lavoro che già svolgevo, il piacere con cui leggevo e i testi che preferivo. Mi immaginavo coinvolta professionalmente in un settore in cui avrei potuto continuare a evolvere e variare attività a seconda delle competenze via via maturate. Lentamente si delineò il mio nuovo progetto formativo-professionale.

Non voglio annoiare i lettori con le varie reazioni attorno a me, ma una volta dichiarati a me stessa i nuovi intenti, ero anche pronta a esprimerli con calma convinzione.

Le critiche che ricevevo erano per me nuove occasioni di messa in discussione di ciò che avevo già considerato: se il progetto mi rimaneva appetibile nonostante le negatività e i suggerimenti dall'esterno ciò significava che valeva proprio la pena di provare a realizzarlo!

Se hai la fortuna di svolgere già un'attività che permette una certa autonomia economica, questo di certo favorisce l'avanzamento del progetto formativo-professionale nelle sue varie tappe: meglio percorrere tratti di cammino fino a mete intermedie e lì decidere di fermarsi in quel panorama o rinunciare del tutto alla realizzazione?

Chiaramente la mia scelta è stata la prima: non tutto quello che desideriamo si può realizzare nella vita o in questo particolare momento della vita, ma anche una realizzazione parziale ci favorisce il sorriso.
Una meta intermedia raggiunta è preziosa. Magari in futuro si

potrà riprendere il cammino. Quando non ci si sente pienamente soddisfatti di ciò che si sta svolgendo, quel "tarlo" che ogni tanto si fa sentire e spegne un po' il sorriso va ascoltato. Non c'è tanto tempo a disposizione e vale la pena dedicare spazio alla propria interiorità e a un'analisi accurata della propria condizione

Non è obbligatorio, né auspicabile, "girare pericolosamente il volante in corsa", ma può essere prezioso, per la propria complessiva gioia di vivere, fare una piccola pausa durante il viaggio e scegliere la direzione.

SEGRETO n. 14: è importante non dimenticare che quanto è già raggiunto con passione non ci lascia facilmente. Magari ha bisogno di essere arricchito e rinnovato, ma rimane importante.

Allarga il tuo spazio di analisi personale e rifletti

Le tue passate ambizioni. Che cosa sognavi mentre studiavi o durante le tue attività di apprendistato/tirocinio/stage? Ora che hai una maggiore esperienza puoi distinguere più accuratamente i vecchi sogni, poco realistici, da quelli invece realizzabili almeno parzialmente, sei d'accordo? Già il termine "sogno" a volte tende a suscitare reazioni emotive di diversa natura, ma se lo consideriamo come "genuina fantasia del sé, da rivedere nel contatto con la realtà", può invece rappresentare una specie di lente d'ingrandimento delle nostre caratteristiche più profonde.

I tuoi valori professionali. Magari sono cambiati rispetto al passato e non sarebbe strano se così fosse. A ben guardare, seppur in modo diverso da persona a persona, ci modifichiamo attraverso l'esperienza.

Crediamo che sia uno degli aspetti che rende affascinante la nostra esistenza, sei d'accordo? Così, per esempio, mentre un tempo ti risultava fondamentale una certa sicurezza o i vantaggi materiali che il lavoro ti offriva, ora attribuisci più importanza alla possibilità di collaborare più attivamente o ti trovi a desiderare con maggiore intensità stimoli intellettuali.

Sono solo esempi: **sii accorto con te e chiediti senza timore che cosa vorresti realizzare davvero**. Osserva con ancora maggiore curiosità il tuo attuale bisogno di stimoli nuovi. Potrebbe significare un'effettiva saturazione, come dicevamo sopra, ma potrebbe anche derivare da una sorta di "banalizzazione di quanto già ottenuto". Siamo diversi al riguardo, ma tutti un po' tendiamo a considerare con minor gusto ciò che ci appare come routine.

Il punto fondamentale da comprendere è: si tratta effettivamente di una routine noiosa e pericolosa per il mio piacere di vivere o potrei percepirla in un modo più realistico e funzionale al mio benessere? Metti nero su bianco i tuoi ricordi e compila una tabellina di questo tipo:

Che cosa inseguivo	Che cosa inseguo?

Che cosa ricerco in modo realisticamente positivo? Tutto ciò che ho indicato sopra posso sintetizzarlo meglio?

A questo punto ci sembra di sentirti dire: «OK, ora ho più chiarezza dei miei motivi di insoddisfazione e ho ben presente quel che vorrei, e adesso che faccio?».

Non perdere l'occasione di fare una ricerca curiosa di ciò che il mercato del lavoro offre!

- dai un'occhiata agli annunci sui giornali e ai siti specializzati;
- rimani aperto a cogliere i nuovi andamenti di questo mercato, anche grazie all'osservazione di corsi di formazione organizzati sul tuo territorio;
- ricerca il confronto con chi ricopre posizioni lavorative per te molto interessanti e immagina di trovarti al loro posto.

Come potresti trovarti nella loro quotidianità? Ti piacerebbe? Quali competenze potresti arricchire per ambire a tale posizione professionale? Oppure sei già ben attrezzato per poterti mettere in gioco in questa nuova avventura?

Metti nero su bianco usando la traccia di questa tabellina:

Mi confronto con il sig./la sig.ra e scopro che:
Al suo posto immagino che mi sentirei...
Quali competenze professionali sono già a mia disposizione?
Avrei bisogno di arricchire le mie competenze approfondendo la conoscenza di...

Può sembrarti un'attività un po' fine a se stessa, ma invece è potente per analizzare ancora meglio il problema e, soprattutto, per ipotizzare soluzioni realistiche allo stesso.

Tutto quello che stai raccogliendo ti permette di **osservare la tua attuale realtà professionale con uno sguardo più complesso**. Riuscirai così, di conseguenza, a valutare con maggiore lucidità e gioia i possibili effettivi cambiamenti.

Anche se stai mantenendo l'impegno nella solita azienda-realtà organizzativa, occupare un po' del tuo tempo quotidiano in questa ricerca ti farà avvertire nuove possibilità:

- nuove possibilità di considerare la tua esperienza in corso;
- nuove idee per modificare la tua posizione all'interno della realtà in cui operi (da verificare con il responsabile delle risorse umane o con la figura che ne fa le veci);
- nuovi scenari di cambiamenti più radicali.

Un'analisi di questo tipo, inoltre, ti aiuterà a mettere a fuoco le tue **competenze professionali**, maturate e consolidate dall'esperienza del giorno dopo giorno. A volte sembra proprio scontato, ma ciò che si sa svolgere facilmente, a ben guardare, spesso è frutto d'impegno, costanza e di altri fattori "fortuiti" esterni a noi.

Tieni ben presente ciò che effettivamente stai svolgendo, le sue implicazioni su di te e sul tuo nucleo familiare, ma anche sul resto della società: nessuno è indispensabile, ma l'attività di ciascuno è preziosa.

Ti capiterà forse di avvertire il desiderio di arricchire il tuo bagaglio di conoscenze e abilità con **qualche corso di aggiornamento** o con ulteriori studi o esperienze. E perché no? Puoi prenderli come obiettivi intermedi, di per sé piuttosto rivitalizzanti e che possono offrire nuovi stimoli per rimettersi in gioco.

I corsi sono troppo impegnativi nella tua quotidianità? Non puoi frequentarli di giorno? Nella tua zona niente del genere viene proposto in orario serale? **Passa nella libreria più fornita e scegli un volume che ti ispira**: certo non potrai certificare ciò che impari da solo/a, ma ti rendi conto di quanto potrà risultarti significativo dedicare anche solo un'ora al giorno a temi così interessanti per te e poi.... da cosa nasce cosa! E spesso a nuovi stimoli seguono delle idee nuove!

I luoghi comuni che appesantiscono

L'insoddisfazione personale nell'ambito professionale può suscitare pensieri poco funzionali al superamento del problema. Talvolta sono le persone più vicine, particolarmente in affanno nel desiderio di vederci al più presto sereni, ad aumentare involontariamente il nostro senso di costrizione. Vediamo qualche esempio.

Il lavoro è sempre lavoro e quindi alla lunga risulta comunque faticoso e noioso. Siamo d'accordo sul fatto che ogni attività lavorativa richieda impegno, ma come qualsiasi attività vitale. Vorremmo dire che qualsiasi cosa facciamo rischiamo di viverla con fatica e disincanto? Certo che anche il nostro piatto preferito, gustato tre volte al giorno, potrebbe venirci a noia, ma allora non è un po' un'arte "alternare i nostri piaceri" per continuare a sentirli tali? Così la nostra esperienza lavorativa può essere "vissuta in vari aspetti con fantasia", ma se ciò non basta per sentirci fortunati a svolgerla, perché dovremmo pensare come obbligatorie otto ore di fatica e noia? A volte già cambiare ambiente, mansione, colleghi conservando il settore di riferimento, fa stare proprio meglio.

Un lavoro sicuro è quanto si possa più desiderare: perché questi capricci? Non sono capricci. La connotazione positiva di una certa sicurezza economico-lavorativa non è assoluta. Può essere utile, prima di effettuare scelte azzardate, immaginarsi in nuove condizioni professionali meno certe, informarsi bene sui pro e contro di posizioni immaginate come migliori. Ma anche quello del lavoro è un importante tempo esistenziale e inseguire un miglioramento della qualità di vita non è un capriccio!

È troppo rischioso lasciare il certo per l'incerto. È rischioso lasciare il certo per l'incerto, ma tante grandi imprese umane sono avvenute grazie a questo coraggio. Conviene ragionare bene sulle proprie preferenze, su quanto si è disponibili a investire (e perdere) nel nuovo progetto e sulle varie eventualità di possibile realizzazione, ma il "troppo" rischioso è davvero molto soggettivo.

Che cosa si spera di trovare? Tutte le realtà lavorative sono uguali. Non è vero. Così come ogni persona ha le sue caratteristiche originali, è così anche per le aziende-organizzazioni. Ci sono "andamenti" simili all'interno di contesti culturali di zona, ma anche senza spostarsi di centinaia di chilometri si possono incontrare dinamiche aziendali preferibili. L'essenziale è conoscere sempre meglio le proprie priorità e cercare l'ambiente che permetta di soddisfarle in modo più pieno.

La perfezione non è umana, ma la ricerca di un maggior benessere, di una maggiore sintonia tra valori personali e possibilità d'incarnarli, lo sono senz'altro.

Hai anche tu qualche pensiero simile?

Che cosa potresti dirti invece? Che cosa diresti a un/a tuo/a caro/a amico/a se pensasse come te?

SEGRETO n. 15: fai attenzione a non cadere nel tranello dei luoghi comuni. Leggendo attentamente la lista sopraindicata ti farai chiarezza e riuscirai a superarli.

RIEPILOGO DEL CAPITOLO 3:

- SEGRETO n. 11: presta attenzione a fattori come la tua personalità, la quantità d'impegno investito per raggiungere la meta, il confronto tra l'idea che avevi del lavoro e quello che stai vivendo nella realtà.
- SEGRETO n. 12: se senti affiorare la diminuzione progressiva della soddisfazione professionale non preoccuparti eccessivamente. È naturale che la tua esperienza richieda una riflessione o una svolta.
- SEGRETO n. 13: aumenta la consapevolezza di ciò che senti e che stai cercando. Fai il bilancio dei pro e contro della tua condizione professionale. Usa tutto il tempo che ti serve per analizzare bene gli aspetti negativi e positivi del tuo lavoro.
- SEGRETO n. 14: è importante non dimenticare che quanto è già raggiunto con passione non ci lascia facilmente. Magari ha bisogno di essere arricchito e rinnovato, ma rimane importante.
- SEGRETO n. 15: fai attenzione a non cadere nel tranello dei luoghi comuni. Leggendo attentamente la lista sopraindicata ti farai chiarezza e riuscirai a superarli.

CAPITOLO 4:
Come fare se ci si trova all'improvviso senza occupazione

La perdita del lavoro è uno degli eventi più stressanti della vita. Gli ammortizzatori sociali sono certamente preziosi in questo senso, ma non tutti i lavoratori riescono a goderne e comunque, ovviamente, non risolvono completamente la situazione. Perché questo momento è così faticoso da affrontare?

- più o meno improvvisamente viene meno la possibilità di soddisfare alcuni bisogni di base, come la sicurezza per sé e per il proprio nucleo familiare;
- senza desiderarlo ci si ritrova alle prese con un'impegnativa ricerca del lavoro;
- svolgere la nostra professione, il nostro mestiere, ci offre importanti temi di identificazione: noi siamo individui con una particolare personalità e un insieme di valori e opinioni e stili di vita consolidati nella nostra storia. È possibile descriverci come nuclei di un'importantissima rete di

relazioni amicali, familiari e sociali. Tutto ciò lo esprimiamo anche attraverso il nostro lavoro quotidiano.

È così che l'esperienza della disoccupazione "dà uno scossone" alla nostra identità in un modo ancora più profondo di quello, già ben impegnativo, del non procurare nuove risorse economiche per sé e per il proprio nucleo familiare. Trovarsi senza lavoro è un evento che nessuno si augura, ma che fa parte della vita.

In tantissime storie personali avvengono passaggi di questo tipo e, spesso, le loro successive narrazioni passano dalla descrizione di una specie di strana incredulità iniziale, a successive fasi di rabbia e avvilimento.

Talvolta emozioni spiacevoli si alternano ad altre di sollievo, speranza, entusiasmo, ma possiamo tranquillamente definire questi momenti come **periodi vitali in cui la sicurezza in sé subisce vacillamenti**.

I più fortunati potranno vivere più intensamente l'aspetto costruttivo di questa momentanea perdita. Tenderanno a considerare l'evento come un'opportunità interessante anche se non ricercata.

L'impegno con il gruppo di colleghi coinvolti nella stessa situazione, per provare a difendere il mantenimento della posizione lavorativa di tutti, è un'altra risposta grintosa, con positivi risvolti anche sull'elaborazione personale della perdita.

Altre persone, magari già alle prese con il superamento di altri tipi di problematiche, potranno invece considerare questo cambiamento tendenzialmente come una "grande disgrazia". Ma dopo il momento più o meno lungo e intenso d'impatto emotivo, deve ripartire la fase costruttiva del "cosa posso fare per uscire da questa situazione?"

E così ha inizio una nuova ricerca del lavoro, magari a grande distanza temporale dalla prima. È possibile che, una volta andata a buon fine, tale ricerca ripagherà con nuove soddisfazioni mai immaginate in precedenza, con nuovi apprendimenti che rappresenteranno momenti speciali per un più profondo senso di auto-realizzazione e di evoluzione personale, ma ...

Andiamo per gradi e partiamo dall'inizio

In seguito alla lettera di licenziamento, appena ripresi dalla confusione e dallo stupore più o meno agghiacciante, potranno scorrerci nella mente alcuni pensieri fastidiosi e faticosi.

Si tratta di pensieri "umani", non ci stanchiamo di ricordarlo, praticamente inevitabili, anche se si presenteranno con sfumature e insistenza diverse, perché non esiste una persona perfettamente uguale a un'altra.

Questi pensieri possono essere descritti come stimoli per conoscere meglio sé e il mondo. In fondo possono essere intesi come **vita**, perché la vita è conoscenza, ma non sarebbero funzionali alla buona vita se rimanessero a lungo, incontrastati, nella nostra mente. Raccogli l'attenzione e leggi con calma, forse qualche esempio è simile a ciò che stai pensando in questo periodo.

Perché proprio a me? È una domanda esistenziale importantissima a cui non può conseguire un'unica possibile riflessione. Alcune persone rispondono facendo ricorso a una fede religiosa e quindi ipotizzando una sorta di disegno divino imperscrutabile. Altre ragionano in termini di destino più o meno casuale. Altre si chiedono, in modo particolareggiato, se possono aver commesso errori o mancanze o comunque aver esercitato un qualche effetto sulle persone che hanno deciso il licenziamento. Altre riescono a vedere più facilmente circostanze aziendali o di mercato più potenti del proprio operato individuale. Qualunque sia la risposta, l'importante è darsela, naturalmente, parziale e provvisoria: questo ci offre un tempo più lungo per un'analisi delle cause.

Accontentarsi per il momento di una risposta parziale però, consente anche di bloccare un rimuginare, un ruminare continuo di pensieri che rischierebbe di diventare una specie di "nuovo scopo di vita" accompagnato da stati d'animo poco piacevoli e poco funzionali al superamento del problema.

Dove ho sbagliato? Come accennavamo prima, questo è un quesito utilissimo per la propria crescita personale, nell'ottica dell'auto-conoscenza e dell'apprendimento dagli errori. L'importante è non soffermarsi troppo a lungo su temi che solo parzialmente dipendono dal nostro specifico operato. Una soluzione intermedia e utile è quella di trascrivere su un taccuino, ogni volta che ci viene in mente, i particolari che si ritengono di responsabilità personale per la perdita del lavoro: nero su bianco potrà essere conservato e in questo modo la mente potrà lasciare spazio ad altri pensieri. In seguito, cambiato lo scenario, si potrà rivedere l'elenco dei propri "errori" e li si potrà valutare con maggiore obiettività e buona predisposizione al superamento dei propri limiti.

Perché questa ingiustizia? Più che la riflessione sugli eventuali errori personali, talvolta può prevalere l'attenzione sui comportamenti altrui, in particolare sulle incomprensioni o sul senso di incompatibilità rispetto alle persone che occupavano posizioni superiori o dirigenziali, o ai colleghi.

Anche in questo caso è utile prendere nota delle proprie riflessioni e rileggerle in un secondo momento. Favorisce la salvaguardia di un certo grado di fiducia in sé e negli altri, che sarà importante per la nuova ricerca del lavoro. Servirà per un migliore "esame della realtà" nella successiva narrazione dell'esperienza.

Come hanno potuto decidere così? Il confronto con colleghi che non hanno subito lo stesso trattamento, la riflessione sulle politiche aziendali, presenti o passate, interpretate come possibile causa della situazione attuale dell'azienda, l'osservazione di comportamenti precedenti da parte degli amministratori o dei proprietari dell'azienda e chissà quant'altro, sono temi interessanti ed è naturale e utile analizzarli.

Ragionare su questi aspetti ti permetterà di avere una maggiore attenzione e più consapevolezza quando incontrerai i nuovi amministratori, dirigenti e/o imprenditori. Ma rimanere a lungo in compagnia di queste considerazioni che riguardano il passato potrebbe essere logorante. Meglio prenderne nota il prima possibile per trarne i benefici e non pagarne i danni.

Come farò con i miei impegni? Non troverò soluzioni e sarà una catastrofe per me e la mia famiglia. Inevitabile pensare al peggio in momenti così, ma è essenziale non perdere di vista le tante opportunità per superare le criticità che possono accadere nella vita delle famiglie. Incoraggiarsi e osservare con sguardo aperto dentro e attorno a sé, fa intravvedere presto nuove possibilità.

In questo momento magari fatichi a fermare il vortice di pensieri e ti sembra assurdo metterti a compilare un foglio. Magari è già stato difficile concentrarti nella lettura di questi concetti, ma se sei riuscito/a a completarla significa che stai già uscendo dalla prima fase di dolore, che potremmo definire come di incredula disperazione.

Complimenti! Non ti stiamo prendendo in giro: questo tuo momento, ai nostri occhi, è uno di quelli di faticosa rinascita e siamo sempre un po' incantate dalla capacità delle persone di riaprire gli occhi e ricominciare a guardarsi dentro e attorno.

È così che ti consigliamo di provare a mettere nero su bianco i tuoi pensieri: ti aiuterà a incoraggiare questa forza di ripresa. Prenditi il tuo tempo, se provi stati d'animo di repulsione non sforzarti troppo, ma appena ti riesce torna qui e riparti.

Hai anche tu qualche pensiero simile?

Che cosa potresti dirti invece? Che cosa diresti a un/a tuo/a caro amico/a se pensasse come te?

SEGRETO n. 16: Considera con rispetto, ma anche curiosità, le tue reazioni emotive e comportamentali in seguito alla

notizia della perdita del lavoro. Sono naturali sconforto, avvilimento, rabbia, preoccupazione. Analizza bene i tuoi stati d'animo. Forse riesci già a intravvedere altre sfumature emotive, accompagnate da interessanti e utili pensieri.

Lascia che le persone vicine esprimano il loro affetto

Familiari, ma ancor più colleghi e amici, che sono un po' meno coinvolti nella situazione e quindi vivranno meno direttamente le sue conseguenze, potranno esserti vicini ed esprimerti tutto il loro sostegno e la loro visione probabilmente più ottimista e realista della tua in questo momento.

Magari saranno loro a cogliere e a comunicarti alcuni aspetti costruttivi, per te ancora nascosti sotto la naturale coltre dell'impatto emotivo. Non ti vergognare se ti senti scarso/a di energia, anche questa sensazione è naturale. Potremmo definirla come l'aspetto fisiologico della tristezza, della delusione e del momento immediatamente successivo a rabbia e preoccupazione. Non sarebbe molto utile in questo momento perché può suscitare altri pensieri poco incoraggianti, ma se la riconosci e la rispetti per quello che è passerà presto.

Verso un nuovo obiettivo

Piano piano, dopo esserci un po' leccati le ferite e aver accolto tutta la solidarietà e il supporto delle persone care, che possiamo fare? Sì, c'è da rimboccarsi le maniche e puntare al nuovo obiettivo. Imprevisto e non cercato, ma ormai **è questo il tuo nuovo obiettivo**.

Non puoi pretendere da te, in tutti i momenti della giornata, la calma e lo spirito costruttivo: faranno capolino sentimenti di vario genere, ma tu non prenderne paura e torna al tuo nuovo obiettivo.

SEGRETO n. 17: dopo il momento più o meno lungo e intenso dell'impatto emotivo, è bene ripartire dalla fase costruttiva per uscire da questa situazione. Come le piante si riprendono dopo una grandinata, così noi esseri umani proseguiamo la nostra vita dopo le catastrofi personali.

Come ripartire?

Forse è da tanto tempo che non scrivi su temi personali, ma ascoltaci e non preoccuparti di eventuali errori di ortografia: prepara la tua agenda personale! Basta un quaderno, un notes, un file sul PC, ma inizia a prendere nota di tutto quello che vai raccogliendo. Intitolala come vuoi ma parti dalla scheda che abbiamo consigliato alla pagina 10. Forse sei tra i fortunati che ricevono una consulenza di orientamento? Benissimo, indica sulla tua agenda i risultati dei colloqui con il/la consulente.

Se invece sei a tu per tu con te stesso, prenditi un po' di tempo e ripercorri ciò che è stato. Parti dalla tua storia professionale e rivivi mentalmente le varie esperienze annotandole così:

Conclusa l'esperienza scolastica...		
Dall'anno... all'anno	Collaboravo con l'azienda	Svolgevo le seguenti mansioni:

Quante ne hai già provate? Non capita spesso di soffermarsi in questo modo sull'insieme delle proprie "avventure", vero? Oppure trovi che sei stato/a veramente fedele a poche organizzazioni, o a un settore particolare. O ti rendi conto che hai preferito mantenere la tua posizione professionale, sperimentando settori diversi.

Una volta terminato l'elenco non lasciarti sfuggire le idee che ti stanno venendo in mente, ma prendi appunti sulla tua agenda e aggiungi:

Da quest'insieme di esperienze colgo che...

Non limitare la scrittura, quest'agenda è solo tua e non esiste una riflessione inutile, metti tutto nero su bianco, di getto.

Ti tornano in mente…

- vecchie soddisfazioni o fatiche?
- frasi dette da colleghi o capi?
- episodi significativi?
- critiche o complimenti?
- gradi diversi di fluidità nello svolgere le varie mansioni?
- competenze non più aggiornate, ma ancora presenti?
- vecchie proposte di collaborazione?

Non tralasciare di scrivere nulla di quanto ti sta riaffiorando alla mente: è tutto prezioso e ti tornerà utile al momento di rivedere tutto il tuo lavoro preparatorio. Ora lascia decantare per qualche ora. Anche per qualche giorno. Caso mai, se ti tornerà in mente qualcosa, potrai comunque aggiungere in questo spazio:

Aggiunte possibili

E così, dopo aver ricordato tutto quello che ti sei già trovato a svolgere dal punto di vista professionale, prova ad analizzare come hai occupato il tuo **tempo libero**.

Probabilmente avrai potuto curare le tue passioni e i tuoi interessi in modo diverso a seconda delle varie fasi della tua vita, ma tutto è lì a far parte del tuo bagaglio e a stimolarti nuove possibilità:

- hai partecipato a qualche associazione? Se sì, che ruolo hai ricoperto?
- per il gruppo di amici o per la famiglia hai svolto qualche attività per cui eri considerato "l'esperto in materia"?

Chiaramente non hai mai pensato a questi tuoi contributi come a un possibile lavoro, magari non si prestano proprio a diventare una vera e propria professione, ma sicuramente ti aiuteranno a riflettere sulle tue preferenze, sui tuoi interessi, sulle tue predisposizioni più genuine. Prendi nota sulla tua agenda:

Nel mio tempo libero ho scoperto di essere portato/a per le seguenti attività, che ho svolto con piacere:

SEGRETO n. 18: compilare l'agenda personalizzata, per aiutarsi a riflettere sulla propria storia professionale e personale, risulta un grande passo per ripartire. Tutto ciò che così ritorna alla mente può essere prezioso per rientrare nel mercato del lavoro.

A questo punto, per focalizzare ancora meglio le tue caratteristiche e i tuoi interessi, puoi porti in tranquillità le domande che trovi a pagina 13 di questo ebook. In particolare rispondi alle seguenti:

- hai approfittato di parlare in lingua straniera quando si sono presentate occasioni?
- ti sei divertito/a a utilizzare il PC per le tue passioni culturali o per aspetti pratici di casa?
- in che ruolo ti sei trovato/a nei tuoi gruppi di amici o nelle associazioni che hai frequentato?
- cosa svolgi in casa, con piacere, per la tua famiglia o per quella d'origine?

Magari ti farà un po' specie perché non stai cercando la tua prima occupazione, ma non abbiamo parlato a caso di rinascita, sei d'accordo? E allora continua con il primo capitolo e rileggi quello che ricordiamo alle persone che si trovano in quella fase.

Soffermati con attenzione, considerando che:

- sai già che non esistono difetti pensando all'inserimento lavorativo, ma caratteristiche più o meno adatte a ricoprire un ruolo professionale piuttosto che un altro;

- con la tua esperienza, qualunque sarà la tua nuova occupazione, potrai offrire competenze e caratteristiche che i giovanissimi ancora non hanno acquisito.

Tutto fa esperienza e l'esperienza aiuta

Ti sentirai forse così esperto/a da essere valutato come vecchio/a e così più costoso e "appetibile". Siamo d'accordo che l'essersi già specializzati in un settore e l'età (che rende un po' meno flessibili nell'imparare nuove cose e meno energici fisicamente), possono essere elementi di criticità mentre si cerca una nuova occupazione. Ma tieni presente che ci sono alcune **competenze trasversali**, opportune in qualsiasi inserimento professionale, che rappresentano invece elementi di forza di cui andare orgogliosi.

E poi vorremmo che tu osservassi in modo più ampio il tuo percorso fin qui. È molto probabile, infatti, che la tua esperienza sia ricca dei **contatti** avuti con altri lavoratori del tuo o di altri settori: non tutte le occupazioni richiedono un'enorme formazione specifica e, in questo particolare momento, conviene non trascurare alcuna idea.

Il padre di Elisabetta, per esempio, si ricordò di una cooperativa di cantine vinicole, clienti/fornitori del ristorante che precedentemente gestiva. Considerò la sua conoscenza dei prodotti, la sua predisposizione al contatto con il pubblico, la passione per la cultura eno-gastronomica, la possibilità di descrivere e informare in più lingue. Così propose di aprire una cantina ai visitatori, che potevano degustare i prodotti ed eventualmente acquistarli. La sua proposta fu accolta e i suoi ultimi anni prima del pensionamento sono stati ricchi di soddisfazioni.

È importante mantenere una “vigile calma” per riconsiderare la propria storia pregressa e immaginarsi in nuove occupazioni.

Forse a questo punto hai già letto completamente il primo capitolo, rivolto a chi sta cercando la prima occupazione. Altrimenti trova tempo e pazienza per dedicartici ora: ci sono alcuni suggerimenti che possono tornare convenienti anche per te. In particolare per:

- aggiornare il tuo curriculum vitae, anche a seconda delle tue aspirazioni;

- assumere un atteggiamento coerente e più sereno in sede di colloquio di lavoro;
- preparare un elenco delle aziende e organizzazioni che potrebbero essere interessate alla tua collaborazione.

Come scrivere il Curriculum Vitae?

Il modello europeo è utilizzato più frequentemente dai giovani, ma è così ricco di sottolineature interessanti che potrai davvero trarre un certo gusto nel compilarlo. Cercalo con Internet e, probabilmente, ti troverai un po' meravigliato di quanto si possa scrivere per descriversi in modo analitico e concreto.

Se invece sorridi solo al pensiero, lascia stare, usa le vecchie modalità e **ricorda che il CV serve per presentarsi e proporsi a persone che potrebbero essere interessate a te**, per ricoprire una posizione lavorativa nella loro realtà organizzativa.

Di quali informazioni potranno necessitare?

- il tuo nome e cognome, l'indirizzo di residenza, il numero di telefono e l'indirizzo e-mail che permettano di mettersi in contatto con te;

- l'elenco delle tue esperienze lavorative pregresse;
- la tua formazione e i vari corsi di aggiornamento frequentati;
- alcune tue caratteristiche e, soprattutto, le tue nuove aspirazioni per cui ti stai rivolgendo proprio a loro;
- la tua disponibilità ad aggiungere eventuali altre informazioni, in sede di colloquio di lavoro, qualora fossero interessati a un profilo professionale come il tuo;
- la data e la firma, che attestano la veridicità di quanto dichiarato (così come l'autorizzazione al consenso del trattamento dei dati personali nel rispetto della legge).

Sulla base delle tue attuali aspirazioni professionali potrai:

- decidere di mettere in evidenza sul CV tutto ciò che di attinente hai già svolto, sia a livello di formazione che di effettiva attività;
- immaginare la tipologia di aziende interessate e quindi i loro concreti indirizzi.

I due punti sono strettamente connessi: compilare il curriculum vitae ti stimolerà idee sulle sue destinazioni. Immaginare dove potresti inserirti influenzerà il tuo modo di presentarti con il CV.

Annota tutto sulla tua agenda

Scegli pure un modo schematico e sintetico, anche per risparmiare tempo, ma aggiungi senza risparmio. Così manterrai buona memoria del tuo lavoro preparatorio. Permetterai inoltre alla tua mente di "sgomberare i campi" facilitando così l'arrivo di nuove idee e di originali soluzioni.

SEGRETO n. 19: cerca una nuova occupazione tenendo presente tutta la tua esperienza maturata con impegno. Le tue competenze sono elementi importanti di cui andare orgogliosi.

Pensieri velenosi che possono bloccare

Abbiamo già detto che alcuni pensieri "rivolti al passato e al presente poco soddisfacente e al futuro incerto" torneranno alla mente, mescolati a quelli più funzionali al benessere personale e alla risoluzione del problema.

È naturale che sia così, anche perché non hai cercato spontaneamente di vivere la situazione attuale, ti sei trovato coinvolto tuo malgrado. Succede e non c'è da rimproverarsi, ma occorre prestare un'attenzione più profonda al dialogo interno che fa sentire ancora più "scarichi" di energia per raggiungere l'obiettivo. Una volta realizzato quello che stiamo affermando in noi, possiamo analizzarlo per individuarne gli aspetti costruttivi e per lasciare andare le sfumature meno realistiche, sei d'accordo?

Anche a questo riguardo può essere utile rivedere quanto indicato alle pagine 18, 23 e 24: sembra strano, ma in ogni momento delle varie fasi di ricerca del lavoro, così come più in generale per tutti i cambiamenti, ci sentiamo piuttosto insicuri di noi e di ciò che stiamo offrendo.

A Elisabetta è capitato spesso di sentirsi dire, da ragazzi in cerca di lavoro, che tutti gli annunci erano rivolti a persone con esperienza. Al contrario, le persone più mature riportavano una maggiore frequenza degli annunci che sottolineavano la richiesta di persone giovani da formare.

Certo che capita di leggere annunci perfino paradossali, in cui si associa la richiesta di esperienza con un'età da contratto di apprendistato, ma non tutti gli annunci e per un tempo infinito saranno così.

È l'attenzione a ciò che non va, piuttosto che a ciò che potrebbe andare, a fare strani scherzi. È la fatica ad aspettare e a mantenere fiducia in un atteggiamento di ricerca puntuale che si fa sentire maggiormente nei momenti critici a livello personale. Ed è proprio in questi momenti che occorre avere più pazienza, tenacia e determinazione. Rivediamo insieme alcune riflessioni che potrebbero essere messe in discussione in modo un po' diverso.

Sono troppo vecchio/a. Chi mi darà fiducia? Inizialmente è difficile parlare di fiducia, che tende a costruirsi, invece, attraverso la reciproca e progressiva conoscenza. È più logico parlare di "buon incontro di intenti".

Superare con successo un colloquio di lavoro significa essere considerati idonei per occupare una particolare posizione lavorativa (e sentirla sufficientemente giusta per sé). Perché si dovrebbe, per forza e da tutti, essere considerati troppo vecchi? In tutte le condizioni in cui ci troviamo ci sono pro e contro e se i giovani possono offrire entusiasmo, freschezza, motivazione, disponibilità a imparare, non è detto che i vecchi abbiano "solo" esperienza da mettere a disposizione.

L'assunzione con contratto a tempo indeterminato non avviene immediatamente e quindi ci sarà il tempo per costruire conoscenza, fiducia e stima.

Mi sono fossilizzato/a troppo con la vecchia occupazione. Talvolta capita, per mille ragioni personali e professionali. Ma è possibile rimettersi in gioco con realistiche aspettative. Si potranno affrontare l'apprendimento di nuove nozioni con meno elasticità e più impegno, ma ciò non significa che sia impossibile. Anzi, forse l'esperienza già maturata potrà favorire la comprensione e la "considerazione dell'applicabilità di ciò che si sta studiando" e ciò potrà rendere il nuovo sapere più significativo, efficace e soddisfacente.

Hai anche tu qualche pensiero simile?

Che cosa potresti dirti invece? Che cosa diresti a un/a tuo/a caro/a amico/a se pensasse così?

SEGRETO n. 20: affronta i pensieri velenosi che possono bloccare. È naturale che ci siano, ma non tenerli troppo stretti. Osservali senza arrabbiarti e lasciali andare.

Passa all'azione esterna!

Fin qui hai agito tanto, tu sai quanto, ma più a livello mentale. Ora c'è da aggiungere l'azione nell'ambiente. Come abbiamo suggerito a pagina 29 e seguenti, **continua ad aggiornare la tua agenda**. Sarà benefico, nella calma della tua casa, ripercorrere mentalmente ciò che è successo fuori e annotarlo puntualmente. Anche le tue impressioni saranno preziose, messe nero su bianco: inizialmente potranno rappresentare uno sfogo e un promemoria. Lette successivamente potranno offrire nuove idee interessanti a vari livelli.

Affronta altri pensieri che ti rendono impacciato e affaticato e prova a parlarti in modo più realistico e incoraggiante. Preparati ad affrontare serenamente il colloquio di lavoro, ricordandoti l'atteggiamento costruttivo e ciò che ti caratterizza positivamente.

Ricordati che stai affrontando una valutazione per ricoprire una particolare posizione lavorativa e non una valutazione personale. Stai parlando con una persona che non è responsabile di quanto ti è successo, ma che potrebbe aver bisogno di una collaborazione proprio con un/a lavoratore/lavoratrice come te.

RIEPILOGO DEL CAPITOLO 4:

- SEGRETO n. 16: considera con rispetto, ma anche curiosità, le tue reazioni emotive e comportamentali in seguito alla notizia della perdita del lavoro. Sono naturali sconforto, avvilimento, rabbia, preoccupazione. Analizza bene i tuoi stati d'animo. Forse riesci già a intravvedere altre sfumature emotive, accompagnate da interessanti e utili pensieri.
- SEGRETO n. 17: dopo il momento più o meno lungo e intenso dell'impatto emotivo, è bene ripartire dalla fase costruttiva per uscire da questa situazione. Come le piante si riprendono dopo una grandinata, così noi esseri umani proseguiamo la nostra vita dopo le catastrofi personali.
- SEGRETO n. 18: compilare l'agenda personalizzata, per aiutarsi a riflettere sulla propria storia professionale e personale, risulta un grande passo per ripartire. Tutto ciò che così ritorna alla mente può essere prezioso per rientrare nel mercato del lavoro.
- SEGRETO n. 19: cerca una nuova occupazione tenendo presente tutta la tua esperienza maturata con impegno. Le tue competenze sono elementi importanti di cui andare orgogliosi.

- SEGRETO n. 20: affronta i pensieri velenosi che possono bloccare. È naturale che ci siano, ma non tenerli troppo stretti. Osservali senza arrabbiarti e lasciali andare.

Riflessioni conclusive

Che fosse necessario lavorare per vivere risultava quasi immediato, ovvio, per la maggior parte delle persone italiane nate fino a pochi decenni fa.

Uomini e donne, fin da bambini, si accorgevano sulla loro pelle, data la grande scarsità di beni primari, di quanto fosse indispensabile avere un impiego. «È un gran lavoratore, è una brava donna di casa» erano i criteri di considerazione sociale che davano valore alla maggior parte dei mestieri accessibili alle classi subalterne della popolazione e che richiedevano una formazione "da bottega" e cioè uno stretto contatto maestro-mestiere-allievo.

Tanti capofamiglia potevano essere lontani da casa, ma la loro assenza tendeva a essere precisamente spiegata e valorizzata dagli altri adulti, madri o altri parenti.

Inutile ricordare la brevità dei percorsi scolastici obbligatori e la naturalezza con cui i bambini venivano presto coinvolti nelle attività dei genitori, come accade ancora oggi in tante parti del mondo.

Le condizioni di vita in Italia sono certo cambiate negli ultimi sessant'anni e così anche il modo di considerare il lavoro che, da semplice mezzo di sopravvivenza, è diventato un modo per esprimere il proprio valore e la propria personalità. Gli italiani che emigrano non sono più quelli di un tempo, ma spesso "cervelli in fuga" alla ricerca di specializzazioni esclusive o più consone a un'alta professionalità maturata in lunghi anni di preparazione.

L'obbligo scolastico e formativo è realtà consolidata e le famiglie ne avvertono opportunità e pesi. I ragazzi crescono in un contesto familiare e sociale molto più articolato e complesso rispetto a quello dei loro genitori e nonni, e molte esperienze vengono oggi maturate all'esterno della struttura famigliare, nella scuola e nelle comunità di pratiche lavorative. Ora come allora la ricerca di un lavoro risulta essere comunque complicata.

Si può avvertire grande imbarazzo quando bisogna affrontare un colloquio di lavoro. Pur avendo superato prove scolastiche di vario genere, l'esame di maturità e magari molti altri all'università, si può dubitare che il proprio curriculum vitae risulti interessante e arrivare a confidare di più nelle conoscenze di papà o mamma. Tutto ciò potrebbe essere però accompagnato da sentimenti di rabbia e frustrazione.

Può capitare di sentirsi offrire la possibilità di tradurre in pratica un sogno professionale, provare enorme entusiasmo e sentirsi vivi in modo speciale, ma nello stesso tempo accorgersi dello stupore di familiari e amici: «Come puoi essere contento/a di un contratto così incerto?»

A volte ci si trova a contare su uno stipendio sicuro, ma nello stesso tempo sentirsi assetati di stimoli introvabili nella propria realtà lavorativa. L'età che va dai trentacinque ai quarant'anni può far sentire troppo vecchi per cambiare, eppure per altri aspetti la stessa età può risultare solo una specie di piccolo passo dopo l'adolescenza.

Al contrario è possibile trovarsi a operare in un'azienda che sembra solida come una roccia e poi scoprire all'improvviso che la prossima esperienza si chiama invece cassa integrazione o mobilità. Si fatica a credere che si tratti proprio di un evento che bisogna affrontare nella realtà di tutti i giorni! È a questi momenti che abbiamo pensato con la nostra piccola raccolta di "strategie di sopravvivenza psicologica".

Le informazioni sul mercato del lavoro e sulle possibilità di aggiornamento professionale sono facilmente reperibili. Orientatori possono supportare nella riflessione sulle risorse e/o competenze personali e su come investirle e presentarle al meglio. Per esprimere delusioni e speranze, timori e angosce, preoccupazioni e aspirazioni, rabbie e frustrazioni, si tende a ricorrere alla rete di familiari e amici, aiuti preziosi ma spesso altrettanto coinvolti emotivamente.

Come psicoterapeute siamo spesso in contatto con persone che soffrono di questi disagi rispetto all'occupazione lavorativa e avvertono l'esigenza di un confronto con una persona esterna alla rete affettiva, spesso iniziando così: «Dottoressa, mi chiedo di quale disturbo sto soffrendo. Mi pare a volte che sia l'ambiente un po' disturbato».

Abbiamo scritto pensando a chi in questo momento si trova a riflettere in modo simile, volendo ricordare che si tratta di passaggi e vissuti umani. Semplicemente e grandiosamente umani. Da superare a livello personale, imparando sempre di più di sé e del mondo, ma anche cercando un miglioramento esteso ai coetanei e alle generazione future.

www.ingramcontent.com/pod-product-compliance
Ingram Content Group UK Ltd.
Pitfield, Milton Keynes, MK11 3LW, UK
UKHW022016190726
13853UKWH00005B/1965